Mensajes

del

Universo

Autor: Rogelio Alfonzo

RAM Non-Fiction 2014

www.ramedition.com

Primera Edición

Muchas veces nos hemos sentido sin rumbo. Muchas preguntas agobian nuestra mente en relación al amor, trabajo, dinero o relaciones personales. El universo nos envía constantes mensajes que muchas veces ignoramos pues estamos encasillados en una idea preconcebida. Debes saber que poderosas energías están disponibles para ti. Depende de ti usarlas para tu propio bien o dejarlas pasar. Las respuestas siempre han estado ahí. Somos parte de una energía superior con la que debemos alinearnos para obtener los mejores resultados. Superar los obstáculos es más fácil de lo que imaginas. La conexión ocurre cuando cerramos nuestros ojos y dejamos al universo actuar. Si piensas en negativo, atraerás negatividad, pero lo mejor está por ocurrir si le preguntas al Universo y esperas lo mejor. Estos mensajes están alrededor de ti; una palabra, una página de un libro, un aroma, una canción, un sonido, una imagen. Es el universo hablándote. ¡Siéntelo, créelo porque es un hecho! Siéntate, respira hondo y pregúntale al Universo. Él te va a dar la respuesta. ¡Prepárate para el camino hacia la felicidad!

Instrucciones de uso:

El siguiente libro consta de aproximadamente 90 mensajes. Cada mensaje contiene la respuesta a cualquier pregunta que esté dando vuelta en tu mente. Los mensajes pueden abarcar varios temas, ya que, puedes hacer preguntas relacionadas al amor de pareja, trabajo, proyectos, amistades, etc. Haz preguntas exactas, para obtener respuestas exactas. Tú sabrás cual es la respuesta. La sentirás tuya, tú corazón te lo dirá. La imagen vendrá a tu mente.

Busca un momento del día. Relájate por unos minutos. Respira hondo y concéntrate en la pregunta que quieres que el Universo te responda. Deja todo a un lado. Estás en tu espacio y nada puede perturbarte. No hagas nada, simplemente, relaja tu cuerpo. Comienza a respirar lentamente por la nariz y mantén la pregunta en tu mente. Luego toma este libro con ambas manos y pídele al Universo que te muestre el camino correcto a seguir. Posteriormente abre el libro al azar y deja que tus ojos vayan a la página que contiene el mensaje. Léelo, siéntelo, analízalo. El universo te está hablando. ¡Ese es el mensaje, la respuesta, el consejo! Si no entiendes la respuesta a tu pregunta, cierra el libro y pídele al Universo una respuesta más clara y vuelves a formular tu pregunta. Pregunta cuantas veces quieras, siempre y cuando no sea sobre lo mismo y sobre todo, si ya el Universo te ha dado una respuesta evidente.

Una vez terminada tu consulta, confía en los mensajes y verás las maravillas que hay en tu vida. Milagros comenzarán a ocurrir.

Esperanza. Ten fe. Sigue adelante. Los obstáculos sólo nos hacen más fuertes. Aquí estamos para crecer y no importa cuantas veces caigamos, nos podemos volver a levantar. Cualquiera que sea tu necesidad, el Universo te está mandando fuerzas ahora mismo. Alíneate con él. Tienes la fuerza, sólo necesitas abrir tu corazón y la abundancia vendrá a ti. Al sentir que lo mereces, ya lo tienes. Siéntete tranquilo.

Permítete. Respeta los derechos tuyos y de los demás. Permítele al universo fluir. No te impongas. Permíteles a los demás ser libres y respeta ese derecho. Verás como poderosas energías se abren para ti. Al dejar al Universo actuar, verás como se manifiestan los mejores resultados. Deja ir y muchas otras puertas se te abrirán. Es el momento. ¡Permítete y avanza!

No te dejes controlar por las emociones. Tienes la fuerza dentro de ti para superar cualquier obstáculo. Si quieres llorar llora, pero ponle fin hoy mismo a ese dolor. Emociones excesivas atraen negativismo y no nos permiten pensar con la razón. Por lo general decisiones tomadas en tales circunstancias suelen llevarnos por caminos equivocados. Relájate, sal a caminar, medita y conéctate con tus guías espirituales antes de tomar esa decisión. Si tú controlas tus emociones, las energías serán favorables para los resultados que deseas obtener. Suelta y deja al Universo actuar.

Muévete ya. Este es el momento de actuar. ¿Qué estas esperando? Trabaja por lo que desees. Hay muchos sueños que están esperando por ti. En este momento lo que decidas emprender será maravilloso. Es tu momento. ¡Aprovéchalo! Este es un período de cambios. Es el momento de moverte y buscar lo que desees. Muchos cambios están por venir si te alineas con el Universo. Tienes el poder y la fuerza en tus manos para atraer lo que deseas. ¡Entiende que los sueños se hacen realidad y el momento es ahora!

Calma. Estás actuando precipitadamente. Del apuro sólo queda el cansancio. ¿Por qué te apuras? Hay tantas cosas buenas pasándote en este momento que no las estás apreciando. Hazte consciente de cada instante de tu vida. Respira hondo. No es el momento de tomar decisiones apresuradas. Entretente con el ahora sin preocuparte innecesariamente por el futuro. Todavía hay muchas cosas por resolver hoy. Pisa tierra firme.

Nútrete espiritualmente. Llama a tus guías espirituales. Al hacer esto, sentirás una renovación interna y externa en todos los niveles, sobretodo en el ámbito emocional. Este mensaje te está alertando que no te estás ocupando de ti. Enriquece tus pensamientos con mensajes positivos. Aléjate de todo agente tóxico. Ámate por sobre todas las cosas. Primero estás tú antes que nadie. No puedes dar amor o recibir amor si no comienzas por amarte a ti mismo. Aliméntate bien, descansa y realiza actividades que alegren a tu espíritu. ¡Quiérete!

Ábrete. No te limites. Abre tu mente y corazón a nuevos proyectos, amistades, o personas que están entrando a tu vida en estos momentos. El universo te está mandando constante mensajes. Al mantenerte abierto, podrás recibir estos mensajes y nuevas oportunidades vendrán a ti. Además, verás las cosas más claras. Sanarás viejas heridas y encontrarás soluciones donde pensabas que no las había. ¡Da la bienvenida!

La situación te envía un mensaje de no cometer los mismos errores del pasado. Aprende de ellos, crece y sigue adelante. Estudia bien esa idea que tienes en mente y recuerda que todo es aprendizaje. Si tienes muchas dudas al respecto, entonces no te conviene, pero si al pensar en ello te llenas de alegría y júbilo interior, aquello por lo que preguntas se prospecta muy bien. Recuerda que de los errores se aprende y luego tenemos la oportunidad de enseñar a los demás. Especialmente en las relaciones amorosas.

¡Atento! Presta atención a la situación. Se consciente. No ignores los detalles. El Universo te está mandando constantes mensajes y al estar consciente de ellos nos da la oportunidad de entenderlos. Estos mensajes muchas veces son previsores. Mantente alerta.

¡Da ese salto finalmente! Atrévete. Aprovecha la oportunidad. Es el momento oportuno. Se valiente y el Universo te mandará la fuerza necesaria. Actúa con determinación. Oye a tu corazón. Mantente positivo. Algo bueno va a pasar. La decisión es correcta.

No temas. Aquello por lo que preguntas, la respuesta es positiva. No cabe duda al respecto. Lo que estás esperando que se dé, se va a dar. El universo ya está trabajando en eso. Siéntate y espera. No corras detrás de las cosas ya que eso arruinaría el resultado final. Este mensaje contiene una energía increíblemente positiva. Ríe y alégrate que lo mejor está por venir. Si es en relación al amor. Siéntate seguro que la persona se manifestará.

Vas a obtener resultados positivos en la situación planteada. Hay muchas oportunidades a la mano. Establécete metas. Vienen muchos cambios a tu vida, cambios que habías estado esperando desde hace mucho. Finalmente todo fluye. Todo pasó por algo. Este es el momento correcto para avanzar. Creciste, aprendiste y evolucionaste. Felicitaciones, ya es el momento de moverte al siguiente peldaño. Hay chance. ¡Es posible! ¡La respuesta es Sí!

Estas siendo muy duro contigo mismo en estos momentos. Siéntate a meditar y pregúntate ¿Estas siendo justo en tu proceder frente a esta determinada situación? ¿Estás actuando con bondad? Ponte por un momento en el puesto de la otra persona y trata de entender sus razones. Se consciente de lo que está pasando, no puedes culpar a los otros por tus errores. Actúa con compasión y ábreles tu corazón. No estamos para juzgar a nadie. Nuevas oportunidades y caminos se presentarán a medida que entiendas y actúes con compasión.

Tendrás noticias de algo que esperabas desde hace algún tiempo. Te enterarás de algo que te ayudará a tomar decisiones y a ver con claridad la situación que parecía oscura o confusa. Mantente en equilibrio dejando las emociones a un lado. Es el momento de actuar con la cabeza. Verás el cuadro completo de la situación. Al mismo tiempo debes entender las razones de los demás y no juzgarles. Una vez comprendas los motivos ajenos, la situación mejorará. Entenderás que la respuesta siempre estuvo ahí pero tú no la veías. El universo te está mandando en estos momentos mucha energía. Hay un poder superior al que puedes recurrir cuando te sientas confundido.

Escucha lo que los demás tienen que decir. La comunicación es fundamental para resolver cualquier problema. Mucho de los problemas que nos rodean se deben a una mala comunicación. Escuchar con paciencia y amor también es una forma de comunicación. Mantén tu mente abierta. Un equilibrio mente, cuerpo y alma puede ayudarte también a escuchar. Abre tus sentimientos y comunícalos en el momento preciso. No acumules rencores o resentimientos. Es el momento preciso de hablar con la verdad. Cualquiera que sea la situación, la comunicación es el factor clave. Mantente alerta ya que tus guías espirituales y el Universo se intentarán comunicar contigo.

Estudia el asunto desde varios puntos de vista. Reflexiona y analiza. No eres el único que tiene la razón. No saques conclusiones apresuradas, esto te llevará a decisiones erróneas. Pregúntate qué quieres exactamente de la situación. ¿Estás haciendo todo lo posible para conseguirlo? ¿Es algo positivo para ti? Recuerda que si algo no nos conviene o no está en nuestro destino, por mucho que luchemos por obtenerlo, no será nuestro. Se inteligente y claro en tus verdaderos deseos. Este mensaje posee una gran energía. ¡Tu deseo se va a dar! Si se trata de algún asunto del corazón, este mensaje te alienta a seguir adelante. La situación será superada y sanada. ¡ÁNIMO!

Aprende a escuchar. Este mensaje te está alertando posiblemente sobre una determinada situación amorosa. Lo más importante en cualquier relación (amorosa o no) es el respeto. No puedes pretender cambiar a la otra persona para que ésta se adapte a tus necesidades. Eso es egoísmo. Contempla todos los aspectos. Todos los seres humanos tenemos fortalezas y debilidades. Enfócate en esas fortalezas y adáptate de acuerdo a las indicaciones de tu corazón. La vida es lo que transcurre mientras tú te ocupas en otras cosas. Deja al Universo actuar y respeta las decisiones individuales.

Confía en ti mismo. Todo va a salir bien. Aquello por lo que preguntaste está marchando positivamente. Sigue haciendo lo que has venido haciendo. Mantente ocupado mientras el Universo actúa. Conoce tu poder, mantente proactivo y con ánimo. No tengas miedo y da ese salto que quieres. Las energías están fluyendo para ti. Todo está ocurriendo en armonía perfecta. Ten fe.

Debes ocuparte más de ti. No puedes dar amor si no comienzas por quererte a ti mismo. Debes saber que eres una persona valiosa. Sal a caminar, entra en contacto con la naturaleza, despeja tu mente. Nútrete espiritualmente, pídele ayuda al universo. Él te recargará de energía cósmica. Encara tus dolores internos, tus heridas del alma y ponle punto final al dolor. No puedes seguir arrastrando dolores del pasado. Comienza una nueva vida hoy. Si estás muy ocupado sirviendo a los demás, no puedes afrontar tus necesidades internas. Analiza tus verdaderos deseos y date tiempo. Céntrate en ti mismo. No juzgues tan duramente. ¡Concéntrate, lo que estás haciendo es lo correcto!

El poder de la sanación está disponible en este momento para ti. Acéptalo. El universo te está mandando un baño de luz y radiación cósmica. Debes detectar qué aspecto de tu vida necesita ser sanado para poder avanzar. Hoy es el día perfecto para que dejes atrás el pasado y comiences una vida nueva. Este es un mensaje de ayuda. Poderosas energías están disponibles para ti. Deja ir y permite que el Universo haga su parte. Obtendrás los resultados que deseas. Libérate de angustias y problemas. El universo se está encargando de ello. Relájate y medita. Pudiera tratarse de tu salud espiritual y mental.

Se agradecido. Dar gracias incrementa la energía cósmica de tu ser. Esa energía te permite abrir todas las puertas que deseas y remover cualquier obstáculo. Decir gracias crea milagros en tu vida. Hay veces que no estás consciente de todas las cosas maravillosas que hay en tu vida. Debes ser más amable y cálido con la gente que te rodea. Si no estás viendo luz en la situación planteada, significa que el Universo te está brindando la oportunidad de evolucionar y moverte. Si no fuera por esa situación no te sentirías impulsado a moverte y a cambiar. Da gracias por ello. La situación va a ser superada, recuerda que el Universo jamás nos pondría pruebas que no podamos superar. ¡Paciencia y mantente proactivo y animado!

No presiones hacia tus deseos. No es el momento. Todo sucederá en el momento indicado; en armonía perfecta. Deja al Universo hacer su parte. Sólo así se obtendrán los mejores resultados. Si tratas de imponerte o presionar para obtener tus resultados, la respuesta pudiera ser no del todo satisfactoria. Mantente abierto a todas las circunstancias. Habrá cambios, pero deja fluir. Vigila y observa el asunto que te preocupa, pero no trates de interferir. Mantente en paz y positivo. No te angusties. Suelta. Lo mejor vendrá cuando estés más calmado. Distráete haciendo algo que te guste sin pensar en la situación.

Avanza hacia adelante. Deja el pasado atrás. Esto se debe a una determinada relación amorosa o a una actitud persistente de tu parte que debes desatar. Aprende de los errores del pasado y evita pasar por situaciones que te hagan sufrir. Elévate y evoluciona. Deja ir y ten fe que lo mejor está por venir. Hay muchas posibilidades para ti en estos momentos sólo debes dejar fluir la energía a través de ti. No intentes controlar a las personas. Déjalas ser libres ya que eso demuestra respeto. Deja al Universo actuar. ¡Desata!

Debes ser más objetivo. No te auto engañes. Muchas veces no queremos ver la realidad por miedo o inseguridad. No vivas de la fantasía. ¿Qué quieres exactamente de la situación? Muchas veces confundimos deseos con caprichos. Si este mensaje te causa decepción, probablemente el asunto por el que preguntabas no te convenía. Es el momento de cambiar. Cree en ti y en lo que tu corazón te dice. Si algo te pertenece vendrá a ti. Lo que no es tuyo, por mucho que luches, se irá. Préstale atención a los mensajes. Este es un mensaje de revelación interna o externa.

Tú escribes tu propio destino. La situación por la que preguntaste fluirá de acuerdo a tu actitud. Enfócate en lo que realmente quieres. Piénsalo bien porque lo vas a obtener. El Universo te está apoyando en lo que hayas decidido. Aprovecha al máximo este momento. No seas apático ni caigas en depresiones, eso sólo atrasará el proceso. Por el contrario, este mensaje te invita a mantenerte positivo y alegre para lograr lo que quieres. ¡La respuesta es Sí! Pero debes mantenerte positivo.

Deja de ser obstáculo de tu felicidad. Entrega y deja al Universo hacer su parte. Pudiera ser tú el que está equivocado. Abre tu corazón y sigue tu intuición. No te mantengas en tu punto de vista y ten en consideración la posición de los demás. Deja de controlar, juzgar, insistir... ¡Sólo confía! Deja de pensar tanto en qué va a pasar. Deja la ansiedad. El Universo nunca te va a fallar. ¡Algo maravilloso viene hacia ti! ¡En hora buena!

Lo que va a suceder sucederá. No te impongas. Hay una energía maravillosa rondando a la situación por la que preguntaste. El Universo te mandará un mensaje de cómo afrontar la situación de la mejor manera posible. Ríe y disfruta. Este mensaje te manda energías de júbilo y regocijo. Vienen nuevas ideas, proyectos y personas. Mantente alegre ya que ese proyecto traerá resultados maravillosos. No comentes tus planes con nadie ya que esto debilitaría la energía. Siempre actúa con cautela y mucho discernimiento. Eres una persona inteligente y lo que estas esperando se dará.

No te presiones ni presiones a los demás. Concéntrate en ti y equilibra tus energías. No tomes decisiones en estos momentos. Necesitas estabilidad emocional. Estas muy ansioso y estás perdiendo la perspectiva. Respira hondo, no pienses en la situación. Contacta a tus guías espirituales. Analiza todos los aspectos de la situación sin juzgar. Escoge un camino justo para todos. Este es un mensaje de equilibrio.

Debes evaluar la situación con honestidad. Cuentas con guías espirituales que te pueden ayudar a ver la verdad. Muchas veces tenemos una venda en los ojos impuesta por nosotros mismos. Es el momento de remover esa venda y encarar la situación. Las emociones bloquean la verdad. Si analizamos la situación de forma armónica y objetiva nos daremos cuenta que la verdad siempre ha estado ahí. Remueve cualquier obstáculo, avanza, controla tus emociones y busca lo mejor para ti.

Escucha la información que viene del Universo. Las respuestas están dentro de ti. Tú sabes la respuesta a lo que estas preguntando. El Universo constantemente te está mandando mensajes a través de canciones, frases de libros, periódicos, revistas, imágenes u otras personas. Escucha. Hoy recibirás otro mensaje que será claro. Mantente alerta y consciente.

La situación está muy bien aspectada. Hay posibilidades. Sin embargo debes moverte y trabajar en ello, pues no se dará por si sola. Debes transformarla en realidad. Si realmente lo deseas, se dará, pero con esfuerzo. Confía, no dudes, si trabajas por ello y crees, será tuyo.

Los defectos que criticamos en otras personas existen en nosotros, es por esto que el Universo nos pone pruebas. En la situación planteada, no hagas conjeturas, hay aspectos que no estas contemplando simplemente porque no los estás viendo. Trabaja tu intuición. No todo está a la vista. Somos seres espirituales dentro de un cuerpo físico. En tal sentido, debemos nutrir ese espíritu para así tener un mayor grado de intuición y discernimiento. Los sentimientos y los pensamientos no se ven.

No te quejes tanto. Todas las cosas han pasado por algo. Lo bueno y lo malo que nos pasa es necesario para nuestra evolución como seres humanos. De lo malo se aprende y de lo bueno se goza. Es parte de un equilibrio. Los retos te permiten ser mejor. Este mensaje te está indicando que es el momento de abrirte y evolucionar. Vienen cambios y nuevas oportunidades. No te resistas porque el Universo te va a empujar más. Lo que estás pasando te está ayudando a crecer y cambiar. No tengas miedo. Hay mucho dinamismo en los días venideros. La energía está fluyendo.

La energía universal está a tu favor. Aquello por lo que preguntaste se dará. No hay duda de ello. La respuesta es positiva. Confía. No dudes tanto. Deja a un lado todos tus pensamientos e ideas preconcebidas. Todo está moviéndose para ti. No chequees resultados constantemente sólo ten fe. ¡Felicitaciones!

Firmeza. Se firme en lo que emprendas. No permitas que la inseguridad y la dude te atrapen. Aquello que decidiste es lo correcto para ti. El universo te mandara inspiración para que sigas adelante. Actúa de acuerdo a tus convicciones una vez hayas estudiado objetivamente la situación. Tú eres importante. Confía en ti. Hay un gran poder que ya comenzó a manifestarse.

Hay una energía maravillosa disponible para ti en estos momentos. Hay mucha protección viniendo del Cosmos. Obtendrás los resultados que deseas. Muévete rápido, es el momento. No permitas que otras personas drenen tus energías. Aléjate de todo agente tóxico. Mantente positivo ya que lo mejor está por venir. Pide ayuda al Universo. En los próximos días sabrás de una noticia que te dará mucha felicidad.

Emociones excesivas pueden ser destructivas. Deja la ansiedad. Hay mucho movimiento. Este es un mensaje de acción. Las cosas están moviéndose. Lo que quieres que pase sucederá, pero debes controlar la ansiedad ya que eso arruinaría los resultados. Este mensaje podría ser también un alerta. La llama de la pasión podría estar encendiéndose en tu vida en estos momentos. Ten discernimiento y elige correctamente.

Eso por lo que preguntas se ve muy bien aspectado. Tiene un futuro maravilloso. Usa tus talentos internos para obtenerlo. Empieza a moverte ahora. Las energías están alineadas para ti. Oye a tu corazón y sigue el camino correcto. Tienes todos los elementos para triunfar. Crea la situación deseada. Hoy es el día de hacer realidad tus sueños. Busca alternativas y siempre ten un plan adicional. Ríe y prepárate a recibir lo que preguntaste.

No pienses tanto las cosas. Debes aprender a ser más espontáneo. La vida no es tan mecánica como la piensas. No calcules cada paso que vas a dar, no planees cada detalle. Vive la magia e imagina todo el bien que el Universo tiene preparado para ti. Deja al Universo actuar y hacer su parte. No trates de controlarlo todo. Aquello por lo que preguntaste sucederá de forma espontánea y natural en el momento preciso y justo. Despreocúpate, vive la vida y ocúpate en otra cosa. Disfruta el día a día.

Hay luz en la situación, por lo tanto relájate y descansa. El universo ya empezó a trabajar para que lo que estas esperando que se dé. El universo te está bendiciendo. Hay mucho movimiento de energías. Cualquier cosa que desees emprender en estos momentos se dará satisfactoriamente. Ríe y da las gracias, porque este mensaje te está diciendo que no hay nada por lo que debas preocuparte. Lo mejor está sucediendo para ti.

Exprésate ahora. Ya no calles más. Es el momento de decirle al mundo tu verdad. No acumules tus sentimientos. Ten el valor de encarar la realidad y ser honesto contigo mismo. No tengas miedo, el Universo te está apoyando. Lo mejor está por venir cuando te liberas de viejas ataduras. Ábrete y deja la energía fluir. No te bloquees. Quítate la venda de los ojos y acepta la realidad que no quieres ver. Sé justo contigo mismo y con los demás. Se claro en lo que quieres y en lo que esperas de la situación.

Vive el presente. Deja de vivir en el pasado y pensando en el futuro. Estás perdiendo maravillosas oportunidades hoy por tanta incertidumbre y culpa. Lo que pasó está en el pasado. Aprende de ello y sigue adelante. Hazte cargo de tu propia vida. Lo único seguro es el ahora. Vive el momento y cambia tu vida. El futuro vive en nuestros deseos, pero para llegar a él debemos enfocarnos en nuestro presente. Hazlo ya. Las circunstancias presentes están mandándote constantes mensajes. Aprende de ellos y verás que feliz serás.

Crea milagros con tu mente. Imagina lo que deseas y siéntelo tuyo. Si puedes imaginarlo, puedes crearlo. Mantente positivo en todo momento. La situación que planteas tiene un buen futuro aunque ahora no lo veas. Crea imágenes de lo que deseas. Vigila tus pensamientos. Todo lo que quieras se dará en la medida que lo imagines. Piénsalo, siéntelo, respíralo, tócalo…

Haz los cambios ahora. Es el momento propicio. Hay una energía positiva rondando aquello por lo que preguntaste. El Universo te dice que está para servirte. Tienes mucha protección. Ve por lo que quieres. No te detengas. No hay limitaciones en esta situación. El camino está despejado completamente. Si se trata de una decisión importante en tu vida, puedes estar tranquilo. Hay un mundo de posibilidades que se abren para ti. Cree en la abundancia del Universo. Puedes estar tranquilo ya que este es un mensaje de éxitos y logros. La fortuna está de tu lado. No te agobies más.

Cree en tus sueños. No te des por vencido. La situación puede ser difícil, pero este mensaje te alienta a que sigas adelante, porque aquello que deseas se dará. Mantente alerta ya que el Universo te manda constante mensajes con respecto a la situación. Pide mucha luz e iluminación. No existen obstáculos. Si algo es tuyo y te pertenece, vendrá a ti en cualquier momento. Siéntete bendecido y afortunado, porque ese proyecto será maravilloso. No olvides alimentar a tu espíritu y ayudar a los demás. Mientras más des, más recibirás.

¿Por qué te preocupas? Todo está bien. Es un momento grandioso en tu vida. La luz brilla para ti. No hay nada que pueda opacar el éxito que viene a ti. Aunque aún no veas el resultado final, puedes estar tranquilo porque todo está a tu favor. La energía de ese asunto es muy poderosa. Termina todo lo que comiences. No te distraigas. Mantente enfocado. De acuerdo a este mensaje, finalmente obtendrás lo que estabas esperando.

Actúa de acuerdo a tu propia convicción. No te dejes influenciar por nadie. Mantente sincero contigo mismo y con los demás. Trata de ver la verdad. Las apariencias externas pueden lucir diferente a la realidad. Oye al Universo. Él te pide mantenerte alerta y consciente. Si aquello por lo que preguntas luce turbio para ti, no tomes ninguna decisión hasta no ver con claridad. Indaga, pregunta, investiga. No trabajes en base a conjeturas.

Debes organizar tu mente y pensamientos. Pregúntate qué quieres realmente de la situación. ¿Cuál es tu meta y deseo detrás de lo que preguntaste? No ves con claridad el asunto porque tú mismo estas muy disperso. No sabes lo que quieres. Aclara tu propósito y trata de no dañar a nadie con tus decisiones. Lucha por lo que quieres y no descanses hasta obtenerlo. Este mensaje también puede ser un alerta de que no estas moviéndote lo suficiente para alcanzar tus metas. No todo te va a caer del cielo. Muchas veces debemos trabajar por lo que queremos. Una vez estés claro en lo que deseas, trabaja por ello y el Universo te mandará la energía necesaria para lograrlo.

Sólo tú sabes lo que realmente te conviene. Empiézale a prestar más atención a tu intuición. Ahí están las respuestas de lo que te agobia. No te dejes influenciar por otras personas. Cree en ti. Estudia la situación desde distintos ángulos. No tomes decisiones apresuradas porque por lo general traen consecuencias indeseadas. Tú tienes la respuesta. Concéntrate, cierra los ojos y respira hondo. Antes de que se acabe el día tendrás una buena noción de cómo proceder frente a lo que preguntaste.

¡Deja ir y se libre! Remueve los obstáculos que tanto te impiden ser feliz. Vive de acuerdo a tus convicciones. Haz lo que te guste, no lo que los demás esperan de ti. No justifiques cada paso que des. Libérate emocionalmente. Lo que has elegido hacer es la decisión correcta. Hay una energía maravillosa que te dice que sigas adelante y no mires atrás. Ama lo que te rodea y se agradecido. Cuando actuamos de esta forma somos libres. El amor todo lo puede. El amor remueve cualquier obstáculo. No lo creas, siéntelo. Al sentirte libre verás como un sinfín de puertas se abren para ti.

Hay luz en la situación planteada. Muy pronto todo se resolverá favorablemente. No te apures, los resultados vendrán y serán positivos para ti. Irradia tu propia luz, eso también ayudará. Mantente alegre y sonríele a todo aquel que puedas. Eso te permitirá una mejor conexión universal y todos los caminos se aclararán. La respuesta es positiva.

No permitas que otros drenen tu energía. Aleja de tu vida a todo aquel que no aporte nada positivo. Mantente alerta y estudia las verdaderas intenciones de los demás. Algunos de ellos pudieran estar aprovechándose de ti. Ve más allá de las apariencias y confía en tu intuición. No necesitas mucha gente a tu lado, sólo a los que quieran estar genuinamente cerca de ti. Abre los ojos.

Aquello que deseas se va a dar. Hay magia alrededor de la situación. El Universo se va a encargar de que eso por lo que preguntaste se manifieste rápidamente. No tengas dudas. Este mensaje es muy asertivo. Simple y llanamente la respuesta es Sí.

Pon atención a tus sueños. Ellos constantemente te están mandando mensajes. Hay muchos mensajes que no están a la vista, por ende debes conectarte con el poder universal y desarrollar tu intuición. La sabiduría está dentro de ti. Información sobre aquello por lo que preguntaste vendrá a ti en los próximos días en forma de sueños. Mantente alerta. Ahí estará la respuesta que buscas. Vienen cambios así que prepárate. Lo mejor está por vislumbrarse.

Enfócate en tus metas ahora. Define lo que quieres y estudia el asunto desde todos los ángulos. No te duermas ni te disperses. Este mensaje es para recordarte que debes moverte por lo que deseas. Debes moverte ya. Es el momento preciso. Los cambios están ocurriendo. Si no tienes las metas claras, podrías perder maravillosas oportunidades. Define tu destino. Da ese paso que tanto te ha atemorizado. ¡Muévete ya!

Los milagros sí existen. Cree en ellos. Ocurren a cada rato, en el diario vivir. Resultados maravillosos vienen a ti. Confía en el Universo. No limites la grandeza ni la magia. En pocos días ocurrirá algo maravilloso y te acordarás de este mensaje. Espera un milagro. Las energías del Cosmos están confabuladas en este momento para tu beneficio. Todo lo que quieres se dará en esta etapa. Disfruta de ese bienestar. Todo es posible.

Busca nuevos incentivos. No es momento para deprimirte. Trata de renovar tu energía para que puedas seguir adelante. Busca el cambio. No te estanques. Si sientes que algo es tuyo, ve por él. Si sientes que por más que luchas para obtenerlo no lo consigues, debe ser que no te conviene. ¡Actúa ya! La motivación debe venir de ti, no la busques en otros.

Ten paciencia. Si aún no lo has conseguido es por algo. Puede ser que aún no estás preparado para recibirlo o que no te conviene en estos momentos. De cualquier forma, deja la ansiedad de un lado y enfócate en otras cosas. Si apresuras las cosas pudieras obtener resultados negativos. El tiempo universal es perfecto. No corras detrás de las cosas ya que esto podría humillarte. Lo bueno lo verás al final. La paciencia es un atributo de los sabios. Tú eres muy inteligente. Disfruta el ahora que el futuro de la situación es maravilloso. No dudes, ten fe.

Relájate, ten paz. Disfruta de la vida. Aquello por lo que preguntaste ya lo tienes. Si aún no se ha materializado, pues pronto lo hará. Por los momentos enfócate en otras metas y en tu paz emocional. Mantén la calma, libérate, suelta y deja al Universo actuar. No pienses más en la situación. Todo va a salir bien de eso no cabe duda. Puedes estar en paz.

Debes perdonar y dejar ir. Pasa la página.
No pienses más en esa situación que sólo te
lastima. Hay un futuro maravillo por delante,
no lo opaques pensando en el pasado.
Ocúpate de tus necesidades y trabaja tus
miedos. No guardes odios en tu corazón,
eso sólo te bloqueará las energías.
Perdónate a ti y a los demás. Verás que feliz
te hace.

Siéntete pleno con lo que preguntaste ya sea en el amor, trabajo, salud, amistades, proyectos, viajes, nuevos caminos, etc. Este mensaje es muy específico. Todo vendrá a ti. Esta es una de las mejores etapas de tu vida donde todo fluirá sin problemas. No tienes de qué preocuparte. Deja que esta energía te llene. Prepárate porque ni tú mismo te imaginas la abundancia disponible para ti. Acepta lo que te pertenece y no lo limites, reconoce que lo mereces. Espera los mejores resultados de la pregunta que hiciste. Confía en el Universo. Ríe y da gracias. Hay una poderosa energía rondándote.

El poder está dentro de ti. Tú puedes controlar tu destino. Usa con sabiduría este poder y verás como los mejores resultados empiezan a manifestarse. Tu poder interno crea milagros. Trae a tu vida lo que desees. Innova, crea y se tú mismo. Aquello por lo que preguntaste se dará a través del poder de tu mente.

Debes calmarte en estos momentos. Quizás debas considerar otras alternativas a la pregunta realizada. Mantente alerta y cambia todo aquello que puedas. No tomes decisiones apresuradas ya que esto podría traerte enredos. Mantente positivo pero con mucho discernimiento. No te confundas.

Aquello por lo que preguntaste puede no ser para ti. No te desanimes. El Universo tiene preparado algo mucho mejor. No te encapriches en ello, porque si no ha sucedido aún es porque no te convenía. Por el contrario, préstale atención a los mensajes. Ahí está la clave de tu felicidad. Deberías considerar un cambio. Renuévate, reinvéntate, refréscate. Comienza desde cero. Lo necesitas. Sal, diviértete, pudiera tratarse también que estés tomando la vida demasiado seria.

Quien no te trata bien, no debería estar en tu vida. Aléjate de todo agente tóxico. No pierdas más tu tiempo. Es hora de seguir adelante y evolucionar. ¿Qué estas esperando? Disfruta de tu compañía y ámate por sobre todas las cosas. Hay veces que es mejor estar solo que mal acompañado.

Hay muchos aspectos que estás pasando por alto. Debes encarar la situación desde otros ángulos. No te encasilles. No seas tan testarudo. Deja de pensar en ti mismo y se mas objetivo. Pudieras estar siendo injusto frente a una determinada situación. Mira dentro de ti y analízate. Está bien equivocarnos, pero lo más importante es admitirlo y aprender de ello.

Estas pasando por una etapa de transición en estos momentos. Capaz no lo ves claramente, pero los cambios han venido sucediendo. Los beneficios se manifestarán en el largo plazo así que no te desesperes. Mantente centrado en tus cosas y muy positivo. Vendrán cambios importantes y dramáticos. Sin embargo, esto no es negativo. Estos cambios serán motivos de alegrías y de un futuro mejor. No desearás volver atrás. Hay movimiento y mucho progreso. Sigue adelante.

Tus planes y proyectos están en el camino correcto. Aquello que preguntaste se va a realizar. El tiempo es propicio y todo está sucediendo en armonía perfecta. Hay cosas que están predestinadas en nuestra vida, y cuando es así no importa lo que hagamos, lo que nos corresponde se va a manifestar. No te sientas solo, porque pudiera ser que el amor se presentará en tu vida. Hay una elevación y progreso en todas las áreas de tu vida. Este mensaje es un "SÍ" a todo lo que deseas.

¡Buenas noticias! Recibirás buenas noticias en relación con lo que preguntaste. Si se refiere a tu corazón y relaciones amorosas habrá conquistas. Si se trata de una relación ya establecida habrá un fortalecimiento. Este es un mensaje de entusiasmo y alegría. Todo está bien y fluyendo armoniosamente. Alíneate con el Universo pues en esta etapa sólo cosas buenas van a pasarte. Ten más fe en ti. Mantente firme en lo que deseas. Los mejores resultados ocurren cuando se cree.

Asume tu responsabilidad. No puedes seguir culpando a otros de lo que te sucede. Aprende que somos los dueños de nuestro propio destino. Las oportunidades siempre han estado ahí, pero muchas veces no las vemos porque estamos encerrados en nuestros pensamientos. Es el momento de cambiar tu vida. Toma las riendas de tu destino y cámbialo si no te gusta. Muévete ya. No hay tiempo que perder. Conéctate con el Universo, él te va ayudar. El momento es ahora.

¿Por qué estás tan serio? Alégrate. Es el momento de dejar las preocupaciones a un lado y dejarte enamorar por la vida. No todo es tan serio o complejo como lo imaginas. Alegra tu corazón, deja salir ese niño dentro de ti. Goza y disfruta. Sana ese dolor interno, llora si tienes que llorar, pero ponle punto final. Mantente optimista y verás como las posibilidades comienzan a manifestarse.

No lo dudes más. Procede inmediatamente. Debes ser más proactivo. La respuesta está muy clara y tú lo sabes. No has actuado simplemente por miedo e inseguridad. Ten la convicción que lo que vas a hacer es lo correcto. El universo continuará poniéndote encrucijadas mientras no trabajes esa inseguridad. ¡Procede!

Es el momento de romper con los viejos hábitos del pasado. Este es un mensaje de cambio. Este cambio es justo y necesario. El origen de nuestra infelicidad está en nuestra mente. Muchas veces estamos atados a ideas preconcebidas y costumbres que simplemente bloquean nuestros caminos. Cambia tu forma de ver la vida, tus pensamientos y percepciones. Permítete ver un mundo nuevo que no habías contemplado. Es el momento de ser otro. Cambia tu consciencia, deja ir el pasado y confía en el Universo. Abre tus manos para recibir la abundancia divina.

Préstale atención a las coincidencias. Todo ocurrirá en el momento correcto, ni antes ni después. No te apresures. Hay energías trabajando para ti en estos momentos. Pon atención a los mensajes. Sólo resultados positivos van a suceder.

Recibirás una sorpresa. Lo que preguntaste no sólo vislumbra un gran porvenir sino que además es mucho mejor de lo que imaginas. Espera un gran resultado. Ten certeza que lo que quieres se manifestará muy pronto. Mantente positivo y alegre. Muchas otras puertas se abrirán y todo vendrá junto. ¡En hora buena! Estás atravesando un momento espléndido en tu vida. No lo desaproveches.

Deberías considerar tomarte un tiempo. Tantas preocupaciones y angustias terminarán mermando tu salud. Retírate por un momento, respira hondo, vete por unos días de viaje. Medita y pídele fuerza al Universo. La tienes con seguridad. No tomes decisiones ahora. Estás muy emocional y no es conveniente. No pienses en el asunto en estos momentos. Enfócate en ti. Las respuestas con respecto al asunto se manifestarán más adelante. Ahorita eso no es importante. Tu salud, en cambio, SÍ.

No te limites sólo a soñar e imaginar. Trabaja por lo que desees y comprométete con lo que amas. No tengas miedo, cree en ti y toca las estrellas de ser necesario. Despierta y ve por lo que deseas. Es el momento.

Ocúpate de tus emociones en estos momentos. Debes comenzar por valorarte y amarte. Olvídate por un momento de tus deberes y responsabilidades. Atiende tus necesidades. Este mensaje pudiera también estar indicándote que alguien que te ama está pensando en ti. Capaz sea el momento de llenar tu vida con amor. Sonríe y se amable con todos. Respeta otros puntos de vista y ayuda a todo el que puedas.

Quédate tranquilo que todo va a salir bien. Aquello por lo que preguntaste está marchando y vendrá hacia ti. Disfruta de la vida. Mantente relajado y feliz. No hay nada por lo cual preocuparse. Hay una energía muy poderosa alrededor de ti. Siéntelo y vívelo. Renueva tu energía y entra en contacto con tu espíritu. Los cambios ya empezarán.

Tu vida ya empezó un proceso de transformación. Te estás elevando a otro peldaño. Has superado una situación. No te asustes por nada, ya que lo que estás viviendo hoy es necesario para tu bien futuro. Espera lo mejor de la situación planteada. Vendrán cambios muy drásticos, pero que te llenarán de felicidad. Lo que es de una forma hoy, mañana será de otra. Habrán muchos milagros que ocurrirán próximamente. Espéralos con fe porque te los mereces.

Actúa con seguridad y certeza, porque el Universo te está diciendo que todo está bien. Hay energías positivas a tu favor. Lo que piensas y crees, es. Este mensaje te está diciendo SÍ a tu pregunta. Estas en el camino correcto. ¡Adelante!

Hay movimiento en la situación. Aún no hay resultados contundentes, pero si es lo que realmente quieres se irá manifestando paulatinamente. Este es el aviso de nuevas aventuras que se presentarán en tu vida. Ríe y disfruta. Mucho de los eventos que se presentarán no estaban contemplados, pero la vida está llena de sorpresas y hay que saber afrontarlo. Atrévete a incursionar en el viaje de la vida y saca el mayor provecho de ella. De todas formas aprenderás y crecerás. Ánimo y valor.

No tengas miedo, no dudes, no tengas pensamientos negativos. Crea en tu mente lo que desees. La mente tiene el poder de transformarlo todo. Tú puedes cambiar cualquier circunstancia que te rodee. Permite que la sensación de bienestar tome tu cuerpo y se quede grabado en tu mente. Mantente positivo y abierto a los cambios.

Tú tienes libre albedrío. Tú eres el dueño de tu destino. Las oportunidades están ahí para ti. Sólo tienes que escoger lo que más te convenga. Lo que es bueno hoy, quizás no lo sea mañana. Ten el valor de discernir y siempre mirar adelante. Si te caes, párate y sigue caminando. Vas a lograr lo que deseas y más. Ten la voluntad de terminar lo que empezaste.

No pienses tanto las cosas. ¿Por qué dudas tanto? Tal vez la situación no te conviene del todo. Relájate y busca alternativas. Capaz no has contemplado aún la mejor opción.

.

www.ingramcontent.com/pod-product-compliance
Lightning Source LLC
Chambersburg PA
CBHW070546030426
42337CB00016B/2371